AF448481

9 789953 952291

صَديقي المُفَضَّل

تأليف: د. أنطوان م. الشّرتوني
وشباب وصبايا مركز المجال

رسم: آمنة محناية

لَمْ يَكُنْ قَرارُ أبي وأُمّي سَهْلًا عَلَيّ. تِلْكَ اللَّيْلَة، كُنْتُ أَتَناوَلُ العَشاءَ مَعَهُما، فَقالَ أبي: «بَعْدَ شَهْرٍ، سَنَنْتَقِلُ إلى العَيْشِ في المَدينَة! لَقَدْ نُقِلَ عَمَلي إلى هُناك، ويَجِبُ أنْ أَلْتَحِقَ بِزُمَلائي! ما رَأْيُكَ يا حِكْمَت؟».

ثُمَّ فَسَّرَتْ لي أُمّي: «سَتَحْظَى بِأَصْدِقاءَ جُدُدٍ ومَدْرَسَةٍ جَديدَةٍ وحَياةٍ جَديدَةٍ!».

لَمْ أَكُنْ أُريدُ حَياةً جَديدَةً أَوْ أَصْدِقاءَ جُدُدًا. فَأَنا مُرْتاحٌ هُنا في القَرْيَة! وأُحِبُّ رِفاقي، بِخاصَّةٍ صَديقي الصَّدوقَ «رَبيع» الَّذي أُعِدُّهُ أَخًا لي.

ولَكِنَّ القَرارَ قَدِ اتُّخِذ. ودارَ في رَأْسي سُؤالٌ بَسيطٌ: «مَنْ سَيَكونُ صَديقي الصَّدوق؟».

بَعْدَ فَتْرَةٍ وَجِيزَةٍ، انْتَقَلْنا إلى العَيْشِ في المَدِينَةِ الكَبِيرَة. سُجِّلْتُ في مَدْرَسَةٍ جَدِيدَةٍ. وَأَصْبَحَ لِي الكَثِيرُ مِنَ الأَصْحابِ أَلْعَبُ وَأتَسَلَّى مَعَهُم. ولَكِنَّني كُنْتُ أَبْحَثُ عَنْ صَدِيقي الصَّدوقِ الَّذي **يَجِبُ أَنْ يَكُونَ مِثلي أنا ويُشْبِهَني.**

بَعْدَ فَتْرَةٍ، سَأَلَتْني المَعَلِّمَةُ «هَناء»: «هَلْ أَصْبَحَ لَدَيْكَ صَدِيقٌ تَلْعَبُ مَعَهُ وتَتَسَلَّى في وَقْتِ الاسْتِراحَةِ يا حِكْمَت؟».

فَأَجَبْتُها بِحُزْنٍ: «كَلَّا، لَدَيَّ أَصْحابٌ كَثيرون، ولكِنَّني ما زِلْتُ أَبْحَثُ عَنْ صَديقي الصَّدوق».

نَظَرَتْ إِلَيَّ المُعَلِّمَةُ «هَناء»، وسَأَلَتْني: «وما هِيَ صِفاتُ صَديقِكَ الصَّدوق؟».

مِنْ دونِ تَفْكيرٍ ومَعَ كَثيرٍ مِنَ الثِّقَةِ بِالنَّفْسِ أَجَبْتُها: «يَجِبُ أَنْ يُحِبَّ كُرَةَ السَّلَّة. يَجِبُ أَنْ يَكونَ مِثْلي أَنا».

عِنْدَما عُدْتُ إلى البَيْت، كانَتْ خالَتي «هُدى» تَزورُنا، وبَعْدَ إلْقاءِ التَّحِيَّة، سَأَلَتْني: «هَلْ أَصْبَحَ لَدَيْكَ صَديقٌ، تُشاطِرُهُ قِصَصَكَ ومُغامَراتِكَ؟».

فَقُلْتُ لَها بِكُلِّ جِدِّيَّةٍ: «كَلّا، إنَّني ما زِلْتُ أَبْحَثُ عَنْ صَديقي الصَّدوق».

نَظَرَتْ إِلَيَّ خالَتي وطَرَحَتْ عَلَيَّ سُؤالًا آخَر: «وما هِيَ صِفاتُ صَديقِكَ الصَّدوق؟».

مِنْ دونِ تَفْكيرٍ أَجَبْتُها مُباشَرَةً: «يَجِبُ أَنْ يَكونَ طَبّاخًا ماهِرًا. يَجِبُ أَنْ يَكونَ مِثْلي أنا».

بَعْدَ أَيّامٍ عِدَّةٍ، وبَيْنَما كُنْتُ في دُكّانِ العَمِّ «راشِد» أَشْتَري بَعْضَ الحاجِياتِ لِأُمّي، سَأَلَني: «هَلْ أَصْبَحَ لَدَيْكَ صَديقٌ يُدافِعُ عَنْكَ وتُدافِعُ عَنْه؟».
فَقُلْتُ لَهُ بَيْنَما كُنْتُ أَضَعُ الأَغْراضَ في كيسٍ وَرَقِيٍّ: «كَلّا، إِنَّني ما زِلْتُ أَبْحَثُ عَنْ صَديقي الصَّدوق».

فَنَظَرَ إِلَيَّ العَمُّ «راشِد»، وسَأَلَني: «وما هِيَ صِفاتُ صَديقِكَ الصَّدوق؟».

فَقُلْتُ لَهُ بِكُلِّ فَخْرٍ: «يَجِبُ أَنْ يُحِبَّ حِصَصَ العُلوم. **يَجِبُ أَنْ يَكونَ مِثْلِي أنا**».

فَنَصَحَني العَمُّ «راشِد» قائِلًا: «لا يُمْكِنُكَ أَنْ تَجِدَ صَديقًا مِثْلَكَ تَمامًا! ولَكِنَّني أَتَمَنَّى لَكَ أَنْ تَجِدَ صَديقًا صَدوقًا».

وَبَيْنَما كُنْتُ عائِدًا إلى الْبَيْتِ، الْتَقَيْتُ بِالْجارَةِ «صُبْحِيَّة» الَّتي سَأَلَتْني بِحِشْرِيَّةٍ: «هَلْ أَصْبَحَ لَدَيْكَ صَديقٌ، تَشْتاقُ إلى رُؤْيَتِهِ كُلَّ يَوْمٍ؟».

فَقُلْتُ لَها بِكُلِّ احْتِرامٍ: «كَلّا، إِنَّني ما زِلْتُ أَبْحَثُ عَنْ صَديقي الصَّدوق».

فَطَرَحَتِ السَّيِّدَةُ «صُبْحِيَّة» سُؤالًا آخَر: «وما هِيَ صِفاتُ صَديقِكَ الصَّدوق؟».

فَأَجَبْتُها بِكُلِّ وِقارٍ: «يَجِبُ أَنْ يَكونَ بَطَلًا في الرَّكْضِ وسَريعًا جِدًّا. **يَجِبُ أَنْ يَكونَ مِثْلي أنا**».

بَعْدَ أسابيع، بَيْنما كُنْتُ في الْحَديقَةِ مَعَ أبي أَلْعَبُ بِالأراجيح، سَأَلَني أبي: «هَلْ أَصْبَحَ لَدَيْكَ صَديقٌ يَضْحَكُ عَلى نُكاتِكَ ويَحْزَنُ لِمَشاكِلِكَ؟».
فَقُلْتُ بِصَوْتٍ خافِتٍ: «كَلّا، إنَّني ما زِلْتُ أَبْحَثُ عَنْ صَديقي الصَّدوق».

سَأَلَني أبي: «وما هِيَ صِفاتُ صَديقِكَ الصَّدوق؟».
فَأَجَبْتُه: «يَجِبُ أنْ يُحِبَّ الزِّراعَة. يَجِبُ أنْ يَكونَ
مِثْلي أنا».

تِلْكَ اللَّيْلَة، سَأَلَتْني أُمّي قَبْلَ أَنْ أَخْلُدَ إِلى النَّوْم: «هَلْ وَجَدْتَ صَديقًا، تَتَشاجَرُ مَعَهُ وتَتَصالَحُ مَعَهُ أَلْفَ مَرَّةٍ ومَرَّةٍ في اليَوْمِ يا حِكْمَت؟».

فَقُلْتُ لَها: «كَلّا، إِنَّني ما زِلْتُ أَبْحَثُ عَنْ صَديقي الصَّدوق».

فَطَرَحَتْ عَلَيَّ سُؤالًا آخَر وهِيَ تُغَطّيني بِاللِّحاف: «وما هِيَ صِفاتُ صَديقِكَ الصَّدوق؟».

فَأَجَبْتُها وأنا أتَغَلْغَلُ في فِراشي: «يَجِبُ أنْ يُحِبَّ اللَّوْنَ الأزْرَق. يَجِبُ أنْ يَكونَ مِثْلي أنا».

مَرَّتْ أسابيع، وذاتَ يَوْمٍ، أتى صَبِيٌّ جَديدٌ إلى مَدْرَسَتي اسْمُهُ «هادي». كانَ إلى جِواري مَقْعَدٌ شاغِرٌ، فَجَلَسَ قُرْبي مِنْ دونِ أنْ يَتَفَوَّهَ بِأيِّ كَلِمَةٍ.

«اسْمٌ عَلى مُسَمّى»، قُلْتُ في نَفْسي.

ولَكِنْ مَعَ مُرورِ الوَقْت، أَصْبَحْتُ أُرافِقُ «هادي» إلى المَلْعَب، ونَلْعَبُ مَعًا في وَقْتِ الاسْتِراحَة، كَما صارَ يَسْتَمِعُ إلى مَشاكِلي ويُقَدِّمُ النَّصائِحَ إلَيَّ. وأنا أُشاطِرُهُ فَرَحَهُ وحُزْنَهُ. أَضْحَكُ مَعَهُ وأُخْبِرُهُ أَسْراري ويُخْبِرُني عَنْ مُغامَراتِه. كَما صِرْنا نَتَشاجَرُ ونَتَصالَحُ أَلْفَ مَرَّةٍ ومَرَّةٍ في اليَوْم.

أَصْبَحْنا مِنْ أَعَزِّ الأَصْدِقاءِ، لا نَفْتَرِقُ قَطّ، كَما كُنْتُ مَعَ صَديقي «رَبيع» في قَرْيَتي.
أَعْتَرِفُ أَنَّني كُنْتُ عَلى خَطَأٍ عِنْدَما ظَنَنْتُ أَنَّني أُريدُ صَديقًا مِثْلي. فَصَديقي الصَّدوقُ «هادي» لا يُحِبُّ كُرَةَ السَّلَّةِ مِثْلي أنا، فَهُوَ يُفَضِّلُ لُعْبَةَ كُرَةِ القَدَم. ولَكِنَّنا شَكَّلْنا مَعًا فَريقًا مُمَيَّزًا في لُعْبَةِ كُرَةِ الطّاوِلَة.

«هادي» لا يُتْقِنُ فَنَّ الطَّبْخِ كَما أَفْعَلُ أنا. لَكِنَّهُ بارِعٌ في الْتِقاطِ الصُّوَرِ الفوتوغرافِيَّة. فَصِرْتُ أنا أَطْبُخ، وهُوَ يَلْتَقِطُ صُوَرًا لِلأطايِبِ الَّتي أَصنَعُها.

كَما أنَّ «هادي» يُفَضِّلُ حِصَصَ اللُّغَةِ العَرَبِيَّةِ والقَواعِدِ عَلى حِصَصِ العُلومِ، فَصِرْنا نَتَعاوَنُ في المادَّتَيْن: أنا أُفَسِّرُ لَهُ العُلومَ ونُجْري مَعًا الاخْتِبارَاتِ في مُخْتَبَرِ المَدْرَسَة.

وهُوَ يُساعِدُني في حِفْظِ قَواعِدِ اللُّغَةِ العَرَبِيَّةِ في نِهايَةِ الأسْبوع.

وأيْضًا، «هادي» لا يُحِبُّ الزِّراعَةَ مِثْلي، لَكِنَّهُ يُحِبُّ الرَّيّ!
فَصارَ يُساعِدُني في رَيِّ مَزْروعاتي.

وَفي خِلالِ حِصَصِ الفُنون، طَلَبَتِ المُعَلِّمَةُ أَنْ نَرْسُمَ مَعًا لَوْحَةً مَليئَةً بِالأَلْوان. فَاسْتَعْمَلْتُ لَوْني المُفَضَّل: الأَزْرَق. و«هادي» اسْتَعْمَلَ لَوْنَهُ المُفَضَّل: الأَصْفَر. ثُمَّ خَلَطْنا اللَّوْنَيْنِ اللَّذَيْنِ أَعْطَيا غِنًى لِلَّوْحَة، ولَوْنًا جَديدًا هُوَ الأَخْضَر.

وعَلى الرَّغْمِ مِنْ تِلْكَ الاخْتِلافاتِ كُلِّها بَيْني وبَيْنَ «هادي»،
فَإِنَّهُ ما زَالَ وسَيَبْقى صَديقي الصَّدوق!

أُحِبُّ صَديقي كَما هُوَ!

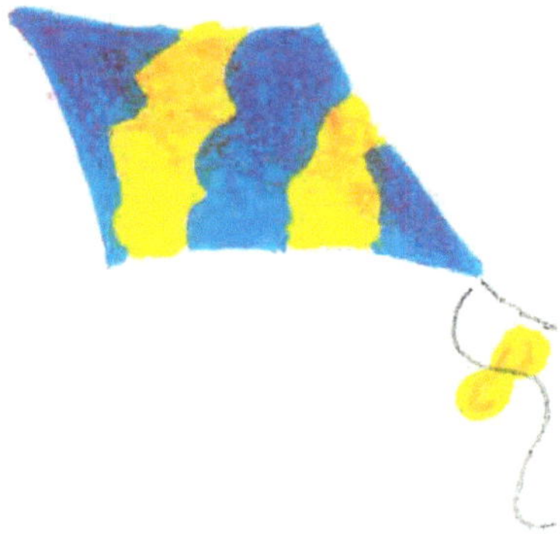